AF310894

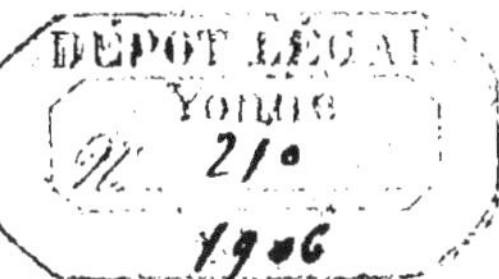

Remy BERTIN

FLEURS des Pyrénées

avec une Lettre

DE

MAURICE BARRÈS

DE

l'Académie Française

AUXERRE

IMPRIMERIE AUXERROISE

8, Rue du Collège

—

1906

CHER MONSIEUR,

C'est avec le plus vif plaisir que j'ai lu le manuscrit que vous m'avez envoyé. J'y ai trouvé l'expression la plus pittoresque de votre amour pour les Pyrénées.

J'aime comme vous ce ravissant pays de Saint-Jean-de-Luz, à la fois si austère et si plein de tendresse. Je trouve à ce coin de France quelque chose du charme de la haute Lombardie. C'est la même nature chaude et parfumée. Mais nos Pyrénées sont plus grandioses, plus inaccessibles, plus décharnées que les Alpes et elles jettent sur le pays basque une ombre plus noire, plus mélancolique.

...Je vous autorise bien volontiers, si cela vous agrée, à faire paraître ce petit mot en tête de votre joli livre.

Cordialement vôtre,

Maurice BARRÈS,

de l'Académie Française,

Député du 1er Arrondissement.

Sur la Route
de Roncevaux

A M. Henri Bornot,
Directeur de l' « Ami du Drapeau ».

25 septembre 1897.

Voir Naples, et puis mourir !
Voir Roncevaux, et vivre pour le revoir encore !

Lorsque j'étais jeune, et il me semble que c'était hier, je croyais que, pour être heureux, il fallait avoir un oncle en Amérique. Depuis bientôt dix ans, je suis revenu de mon erreur ; pour être heureux, il faut avoir un oncle dans les Pyrénées.

C'est donc la nostalgie de ces gracieuses montagnes et aussi le désir de me faire choyer, comme au temps de ma jeunesse, qui, cette année encore, m'ont ramené dans cette ravissante contrée des Basses-Pyrénées devenue pour moi une seconde patrie. Des loisirs plus longs que je dois à la divine Providence, *Deus nobis hæc otia fecit*, et surtout la générosité toujours croissante du Directeur de l'*Ami du Drapeau* m'ont permis cette fois de réaliser un désir amoureusement caressé, le désir de voir, moi aussi,

Ces monts pyrénéens et ce fatal vallon
Où Roland a péri, livré par Ganelon.

Quelques jours de repos, aux portes de Bayonne, dans la charmante petite oasis de Villa Petit-Basque, qui me fait si bien oublier mes dix mois, de labeurs, et je pars pour accomplir mon pèlerinage aux pays à jamais illustrés par la mort du neveu de Charlemagne.

Je ne connais rien de plus pittoresque que le voyage de Bayonne à Roncevaux. Tout près de nous, la Nive roule avec un bruit de tonnerre ses eaux blanches et écumantes, dans un lit obstrué par les rochers qui se sont détachés de la rive. De coquets villages cachés dans des fouillis de verdure apparaissent tout à coup à nos yeux ravis et disparaissent aussitôt avec la même rapidité : Cambo, Larressore, Itsassou, le Pas de Roland, de vieilles connaissances que je suis heureux de saluer au passage. Pourtant, arrivé au Pas de Roland, je suis désagréablement surpris d'apercevoir le rocher sur lequel le cheval du grand paladin avait laissé l'empreinte de son pied, — et moi naguère ma signature, — affreusement mutilé par la main des hommes. Ils ne respectent rien ! Et puis, ce chemin de fer, certes bien commode, me déplaît. Il fallait laisser au Pas de Roland sa sauvage poésie ! Avec leur vapeur, ils nous ont tout défloré.

A Ossès, j'abandonne le chemin de fer pour la voiture ; et vite je grimpe sur l'impériale. Quelques voyageurs s'y sont déjà établis ; je m'installe à côté d'eux. Un touriste un peu grincheux ne parle de rien moins que de *capituler*. Pas brave, le monsieur ; pas aimable surtout. Je me fais alors si petit, si petit, qu'on finit par me tolérer et nous ne tardons pas à conclure une paix qu'un voyageur décore du titre pompeux de *Paix des Pyrénées*. Une heure après, nous sommes à Saint-Jean-Pied-de-Port, petite ville coquette, moitié française, moitié espagnole, et vraiment curieuse avec sa vieille église, ses vieilles maisons et sa citadelle construite par notre célèbre compatriote Vauban qui aimait à l'appeler son bijou, sa bonbonnière.

Cavalier du temps de Charlemagne

Mais ne nous attardons pas à Saint-Jean-Pied-de-Port ; l'Espagne nous réclame. Nous voici sur la route de Valcarlos, dans la riante vallée

d'Arnéguy arrosée par la petite Nive, en plein
pays de glands et de châtaignes. Aussi, je me
prends à songer aux châtaignes de la Bourgogne,
aux *castaneœ molles* de Pourrain. Si le bon saint
Antoine avait vécu dans ces parages, il y aurait
trouvé plus d'un compagnon, car c'est par centaines que ces peu gracieuses créatures accourent
sur notre chemin pour chercher de quoi satisfaire
leur faim toujours inassouvie. Devant nous, les
Pyrénées couvertes d'œillets, de digitales roses et
de bruyères aux tons éclatants ressemblent à des
montagnes de corail.

Valcarlos ! Saluons la terre espagnole, saluons
aussi le poste des *carabineros veteranos*. Mes
compagnons de voyage se séparent de moi et,
tandis qu'ils retournent à Bayonne, je m'ache-
mine vers Roncevaux, en compagnie d'un capitaine et de deux officiers espagnols — charmants,
ces officiers ! et les cigares et les cigarettes qu'ils
m'offrent doivent être excellents. C'est bien
ennuyeux d'être obligé de refuser ce qu'ils me
présentent avec tant d'amabilité. Je suis tenté de
me servir de mes petites connaissances en langue
espagnole pour leur expliquer mon refus : « *Gracias, senores, no acostumbro fumar.* » Merci,
messieurs, je n'ai pas l'habitude de fumer. Mais
il vaut mieux me contenter de leur dire en
souriant : « Merci, messieurs. » Cependant, je
dois l'avouer, si j'ai regretté jamais de ne pas être
un fumeur, c'est bien en ce moment. Nos mules
marchent au pas, car notre route, bordée de
ravins, forme une suite non interrompue de
lacets ; à chaque instant, nous croisons mules et
mulets dont la tête est ornée de pompons rouges
et jaunes, et qui, chargés de provisions, se
rendent à Valcarlos. Comme tout cela sent bien
l'Espagne ! Des carabiniers parcourent la route

deux par deux ; ils viennent saluer les officiers et échanger quelques paroles avec eux. Puis, au geste du capitaine et au mot Valcarlos, ils saluent de nouveau et descendent vers l'endroit désigné. A moitié chemin, notre voiture s'arrête à une *posada*, auberge. Un officier abandonne son siège pour prendre un peu de nourriture. On parle du *Francès* qui a peut-être besoin de se rafraîchir. A cet instant, un enfant apporte au capitaine un grand verre d'eau sucrée et le capitaine ne veut pas y tremper les lèvres avant de l'avoir offert au Français.

Quatre heures de chemin ! Nous sommes arrivés enfin au haut du col. Nous redescendons, et nos mules trottaient depuis dix minutes déjà, lorsque j'aperçois devant moi les hautes murailles du monastère de Roncevaux. Des prêtres, revêtus du rochet et de la mozette, se promènent dans la campagne. Ce sont des religieux augustins, gardiens de la célèbre abbaye. Roncevaux ! n'est-ce pas un rêve ? Les officiers descendent de voiture et, à plusieurs reprises, ils serrent la main des religieux. J'entends le capitaine dire au Père abbé, en langue espagnole : « Nous avons voyagé avec ce Français venu à Roncevaux ; comment ferez-vous pour converser avec lui ? Vous ne connaissez pas sa langue et lui doit ignorer la nôtre ! » Et le Supérieur de reprendre : « Nous parlerons latin ».

Je suis à la porte de la *fonda*, la seule auberge de Roncevaux, construction sévère et qui me paraît pleine de mystères. Malgré moi, je songe à ces auberges sanglantes dont les voyageurs nous ont fait tant de récits ; l'ombre descend des montagnes

...cadunt altis de montibus umbræ,

et, avec le soir, mes idées prennent une teinte de
mélancolie. La *fonda* est une habitation très
antique ; comme dans toutes les *fondas*, on y
arrive en traversant l'écurie. Au milieu de la
cuisine, le foyer formé par d'énormes pierres est
couvert d'une quantité de pots noirs de suie. La
marmite est suspendue à une chaîne accrochée
au plafond et un trou pratiqué dans le toit laisse
échapper la fumée.

Je commence à regretter le foyer de Villa Petit-
Basque, où à cette heure, j'en suis sûr, on parle
du voyageur parti pour des pays inconnus.
Heureusement, voici une petite Française qui
demeure à Roncevaux, et, grâce à elle, les portes
de l'église et du couvent vont m'être ouvertes.
Aussitôt, sur l'ordre du Père abbé, le sacristain
me montre toutes les richesses conservées dans
le monastère. Agenouillé devant la Madone, je la
remercie d'avoir commandé à ses anges de veiller
sur moi durant ce long voyage : *Angelis suis
mandavit de te, ut custodiant te in omnibus viis
tuis.* Et je lui demande de nouveau aide et
assistance pour le retour.

Il est bien regrettable que je ne sois pas venu
à Roncevaux un jour de fête, car j'aurais vu le
diadème de la Sainte Vierge, et pourtant la
couronne qui, en ce moment, orne son front est
vraiment admirable.

Le sacristain sort d'un meuble antique de
précieux reliquaires : l'un renferme un morceau
de la vraie croix, *Vera Cruz*, donné par
Charlemagne ; un autre, deux épines de la sainte
couronne, offertes par Saint Louis, roi de France,
*Dos espinas de la santa corona dadas por san
Luis rey de Francia ;* un troisième, la tête de
Sainte Ursule, *la cabeza de santa Ursula.* Et, pour

me prouver que la *cabeza* est une véritable *cabeza*, le sacristain frappe dessus à poings fermés en criant : « *Santa cabeza, santa cabeza* ». Mais cela n'enlève rien à sa piété, car à plusieurs reprises je le vois baiser avec le plus grand respect le chef de la Sainte. Cette statue de pierre représente le fondateur du couvent, *fundador* ; l'autre statue placée à côté, son épouse ; cette chaîne brisée suspendue à la muraille a été rompue par lui. A la sacristie, on me fait admirer les ornements qui servent à la Pentecôte et on place devant mes yeux, que dis-je, dans mes mains, les masses d'armes de Charlemagne et de Roland, les sandales de l'archevêque Turpin et les mitres des Abbés ; car, pour les Espagnols, on ne voit pas les objets, si on ne les touche pas.

Les femmes ne peuvent pénétrer dans le monastère ; mon interprète retourne donc à la *fonda* où elle commandera mon dîner. Guidé par le sacristain, je parcours les grands cloîtres et la salle capitulaire. Je suis obligé de lui parler espagnol, puisqu'il ne connaît pas le français ; aussi il me témoigne sa surprise et sa joie par des gestes très expressifs.

J'avais vu toutes les curiosités et toutes les richesses dont le sacristain avait la garde, et il ne me restait plus qu'à retourner à la *fonda* pour y prendre mon repas. En chemin, nous rencontrons deux chanoines revêtus des insignes de leur dignité, insignes qu'ils portent continuellement. Après quelques mots échangés en espagnol, le plus âgé prend une clef et, suivi de son collègue, il m'introduit dans une salle où se trouve le trésor de Roncevaux. Le riche diadème que je ne devais pas voir est maintenant dans mes mains ; il est remplacé bientôt par la *Cruz*, antique croix de procession, les ostensoirs couverts de pierreries, les rosaires d'or, les coffrets finement sculptés où, selon l'expression du poète,

Se sentent l'audace et la peur de la main.

Et maintenant on dépose devant moi le manteau d'Isabelle, reine de Portugal, un livre d'Évangiles, à l'usage des rois de Castille, renfermé dans une boîte vitrée, ouverte aussitôt pour que je puisse le toucher, et une philosophie de Confucius. La conversation s'engage moitié en latin, moitié en espagnol. Un des chanoines, qui a un goût très prononcé pour le tabac, me demande à quelle partie de la France j'appartiens. Je lui dis en latin le nom de mon pays ; il me regarde alors et s'écrie : « *Gallice* ! » Je lui dis le nom en français et ce nom semble ne rien lui rappeler.

Après plusieurs *gracias, senores canonigos*, je prends congé des aimables chanoines ; avant de sortir du couvent, je passe par la cuisine où je fais le bonheur du vieux cuisinier, en lui criant sur tous les tons : « *Buena noche, buena noche!* » Bonne nuit ! Rentré à la *fonda*, j'apprends que trois Français viennent d'arriver, et qu'ils m'invitent à partager leur repas. On est vite amis en pays étranger, nous passons donc ensemble une soirée très agréable. Les trois nouveaux venus me demandent en riant si je n'ai pas été effrayé à la vue de la *fonda*, et en riant aussi je leur fais part de ma frayeur passée.

Les Espagnols — à Roncevaux, du moins — n'ont pas l'habitude de mélanger le vin et l'eau. Deux verres sont placés devant nous, et, durant tout le repas, la bonne qui nous sert ne les laissera pas vides un seul instant.

A 10 heures, nous nous séparons et chacun va chercher dans sa chambre le repos dont il a tant besoin.

26 septembre.

Nos hôtes sont de braves gens. Et la preuve, c'est qu'ils nous ont servi un dîner et un déjeuner excellents, et qu'ils ne nous ont point égorgés.

Il est cinq heures du matin. Des nuages sanglants entourent la lune, qui me font songer au sang de tant de braves morts en combattant en ce lieu. A tâtons, je gagne l'église du monastère pour prendre congé de la Madone. Le sacristain est venu me voir avant mon départ ; il a voulu s'entretenir quelques instants avec moi et, malicieusement, je feignis d'avoir oublié en dormant cette langue que je parlais si couramment la veille. C'était de ma part une taquinerie bien innocente, que je n'eus pas le temps de faire cesser, averti d'avoir à rejoindre incontinent la voiture pour le départ.

J'ai fait mes adieux à mes nouveaux amis, j'ai fait mes adieux à Roncevaux, sans avoir vu le fameux rocher fendu par Durandal, par la raison toute simple qu'il n'existe plus, et sans avoir rencontré ta grande ombre, ô vaillant paladin. Et ce nom que je croyais connu de toute la terre, j'ai constaté avec douleur qu'il était ignoré même à l'endroit où le preux succomba. Roland oublié à Roncevaux ? cela me semblait étrange ! Inconnu ? impossible !

En allant au monastère, je demandai à mon guide improvisé si elle pouvait m'indiquer l'endroit exact où le neveu de Charlemagne avait expiré. Elle me regarda avec étonnement et me répondit aussitôt avec naïveté : « Monsieur, je ne savais pas qu'il fût mort, je ne le connaissais pas ; du reste, vous le savez, Roncevaux n'est pas mon pays. » Je me préparais à lui lancer à la face cette vigoureuse apostrophe :

. . . . comme avez oublié
Le grand duel de Rollant guerpi et trespassé !

Mais son visage me parut à cette heure si calme et si indifférent, Roland me sembla si loin de sa pensée, que je crus mieux faire de garder le silence.

Seul dans la voiture avec mes deux conducteurs, je songe que je suis vraiment hardi, pour ne pas dire téméraire, de m'aventurer de la sorte en pays étranger. Mais pourquoi craindre ? La Madone de Roncevaux ne veille-t-elle pas sur moi ? Un des conducteurs m'offre une cigarette, puis, s'enveloppant frileusement dans une chaude couverture de laine, il ne tarde pas à s'endormir. Il fait en ce moment une de ces belles matinées d'été si poétiques dans le Midi ; nos mules marchent bon train, car, du col de Roncevaux à Valcarlos, le chemin est en pente continuelle. L'Espagne, tout le monde le sait, est renommée pour ses cigares et ses cigarettes.

Or, on ne s'en va point de ce pays béni,
Sans s'être largement fourni.

Et je dois vous avouer qu'en ce moment je voyage en compagnie de plusieurs douzaines de *cigarros puros* et de *cigarros de papel* destinés aux rédacteurs de l'*Ami du Drapeau.*

Valcarlos est distant de trois lieues de Saint-Jean-Pied-de-Port ; c'est à pied que je traverse la frontière et cette promenade matinale a pour moi des charmes que je ne soupçonnais pas. Je puis au moins jouir à mon aise de cette route parcourue si rapidement la veille.

A 3 heures du soir, j'arrive à Villa Petit-Basque où l'on est agréablement surpris de me voir revenir si promptement.

De retour de Roncevaux, mon cher Directeur, laissez-moi exprimer un regret : celui de n'avoir pu rapporter la vaillante Durandal pour vous l'offrir. Mais, vous le savez aussi bien que moi, Durandal est au fond du torrent dont les eaux tumultueuses viennent frapper les murs du monastère et elle doit y rester jusqu'à la fin des temps.

Villa Petit-Basque, Septembre 1897.

Une Page d'Histoire

✻ ✻

A MAURICE BARRÈS,

de l'Académie française.

Il y a, non loin de Biarritz, une charmante station balnéaire, calme et tranquille, où le touriste avide de repos aime à séjourner quelque temps : c'est Saint-Jean-de-Luz.

Rien de plus coquet, rien de plus frais que cette petite ville basque avec ses pittoresques maisons blanches et rouges, qui, dans son recueillement troublé par le bruit seul de la vague venant se briser sur le rivage, semble conserver mélancoliquement le souvenir de ses gloires à jamais disparues.

Il fut, en effet, une époque où Saint-Jean-de-Luz put se croire, j'allais dire se crut l'égale de Paris. Les vers d'un poète populaire en font foi :

Sen Jean dé Luz, pétit Paris :
Bayonne l'escuderie ;
Lou rey qui s'y maride,
L'abesque qui y ès mourt,
L'intenden qui y ès demourat.

> Saint-Jean-de-Luz, petit Paris ;
> Bayonne l'écurie ;
> Le roi s'y marie,
> L'évêque y est mort,
> L'intendant y a demeuré.

Mon amour pour Bayonne et le respect de la vérité m'obligent à protester contre le nom d'*escuderie* que lui octroie avec tant de désinvolture le poète... Saint-Jean-de-Luzien, vraisemblablement.

Ecurie, voilà, certes, un mot qui ne cadre guère avec cette belle et fière devise : *Nunquam polluta* — Jamais souillée, inscrite dans les armes de la ville.

Mais je concède à Saint-Jean-de-Luz le titre de petit Paris qu'elle s'est attribué ; le séjour prolongé de plusieurs rois de France et de nombreux personnages explique et justifie en quelque sorte cette satisfaction d'amour-propre.

Le principal événement historique qui a illustré Saint-Jean-de-Luz, c'est le mariage de Louis XIV et de l'infante d'Espagne.

Le 28 juillet 1659, Mazarin arrivait en cette ville avec cent cinquante gentilshommes de sa suite, une garde de cent chevaux et trois cents fantassins. Il venait sur la frontière des Pyrénées négocier un traité de paix avec le premier ministre de Philippe IV, Louis de Haro, traité qui devait donner au roi de France la main de sa cousine Marie-Thérèse.

Pour éviter que les approvisionnements et les vivres ne montassent à un prix trop élevé, un tarif fut fixé. La taxe « publiée par le prosne de l'église et affichée au-devant de la porte de Monseigneur le Cardinal » réglait ainsi les prix : 4 sols la livre de bœuf, 14 sols la paire de poulets, 2 sols le pain blanc d'une livre quatre onces.

Le 8 mai 1660, le roi de France faisait son entrée dans Saint-Jean-de-Luz, *petit Paris*, accompagné de sa mère, de son frère Philippe, de Mademoiselle de Montpensier et de toute la cour, et il renvoyait aussitôt ses équipages à Bayonne qui devint ainsi l'écurie.

Le 9 juin suivant, le mariage de Louis XIV et de Marie-Thérèse eut lieu en grande pompe dans l'église paroissiale. Les Saint-Jean-de-Luziens furent si fiers de l'honneur fait à leur petite ville, choisie entre toutes pour être le théâtre de ce grand événement, qu'ils ont dû charger un de leurs poètes de composer les singuliers vers que nous connaissons déjà.

L'église où le roi reçut la bénédiction nuptiale date du XIII siècle. Elle est dédiée à Saint Jean, patron de la cité. La disposition intérieure est assez originale : comme dans tous les sanctuaires basques, trois rangées de galeries superposées garnissent le pourtour de la nef principale et sont réservées aux hommes ; les femmes prennent place sur les chaises qui se trouvent *in plano*.

Un magnifique tableau, offert par Monsieur lors du mariage de son frère, décore une des chapelles latérales. Avec ses colonnades peintes, ses statues aux couleurs éclatantes, Saint-Jean ressemble assez aux églises espagnoles.

Après la cérémonie, les magistrats firent murer la porte par laquelle avaient passé Louis XIV et Marie-Thérèse ; à cette porte s'adossait naguère l'échoppe maussade d'un savetier. Ce n'est pas seulement l'église qui conserve le souvenir de ces splendeurs ; l'Hôtel de Ville garde précieusement l'acte de mariage de Louis XIV. J'ai pu le lire et même le copier, grâce à l'amabilité de mon guide.

Le voici dans sa teneur : « Le neufvième du
» mois de juin mil six cent soixante, a été ratiffié
» par paroles de présents le Mariage de très haut
» et très puissant Seigneur Louis, quatorzième du
» nom, Roi de France et de Navarre, et de très

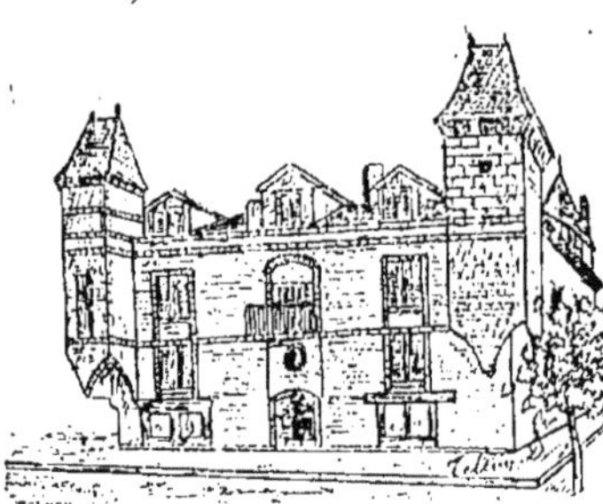

Château de Louis XIV

» haute et très puis-
» sante Princesse
» Dame Marie-Thé-
» rèse d'Autriche,
» Infante d'Espa-
» gne : D. Louis
» Mendel de Haro,
» premier Ministre
» de S. M. C. ayant
» par procuration
» de S. M. C. épousé
» en son nom, le
» trois du même
» mois, cette princesse à Fontarabie. La Messe
» chantée de la cérémonie du Mariage a été célé-
» brée par Monseigneur Dolez, notre Evêque,
» ayant pour Diacre
» Monsieur de For-
» coat, aumônier de
» Sa Majesté, et pour
» sous-Diacre Mon-
» sieur Hay. »

Je visite le château
Lohobiague ou châ-
teau Louis XIV, que
le roi de France ha-
bita avec sa mère,
Anne d'Autriche.

De là, je me rends

Château de l'Infante

à la maison des Heraneder, construction carrée
avec des arcades en briques aux tons effacés. Elle
se nomme maintenant le château de l'Infante, en

souvenir du séjour qu'y fit Marie-Thérèse, ainsi que l'atteste une inscription placée au-dessus de la porte principale :

L'Infante je reçus l'an mil six cent soixante,
On m'appela depuis le château de l'Infante.

Si nous en croyons Madame de Motteville, les trois jours que la princesse passa en cette demeure, avant son mariage, ne furent pas exempts de tristesse.

« Pour nous, la royauté commence par l'exil », aurait pu s'écrier Marie-Thérèse. L'Infante était heureuse et fière de devenir reine de France ; mais la patrie absente ! absent aussi un père si tendrement aimé ! Cette perspective lui pesait au cœur. Aussi, plusieurs fois, durant la nuit, Molina, sa première femme de chambre, l'entendit s'écrier : « *Ay, Molina, mi padre !* » Hélas, Molina, mon père ! C'étaient les premières larmes versées par une princesse qui, jusqu'à ce jour, avait pu se croire à l'abri de la douleur. Ces larmes durent être bien amères ; elles n'étaient que le prélude de plus rudes épreuves : la jeune reine en fit bientôt la triste expérience.

Deux tableaux, dus au pinceau de Gérôme, représentent le mariage de Louis XIV et l'alliance des deux pays. Malheureusement, des peintures à fresque de 1660, il ne reste plus que les armes de France qui décorent le tympan supérieur de l'escalier.

Mon pèlerinage historique se continue par une excursion à Fontarabie et se termine à l'île des Faisans. Au moment où je débarque sur la terre étrangère, les cloches sonnent à toute volée. Je me dirige vers l'église, type vraiment curieux des sanctuaires espagnols, avec leurs dorures, leurs couleurs un peu crues et leurs madones aux riches vêtements bleus et rouges. Les *Mater Dolorosa*, parées de robes en velours noir garnies de précieuses broderies, ont une expression de douleur des plus saisissantes.

C'est, nous le savons, dans cette église que Don Louis de Haro épousa par procuration l'infante d'Espagne. Une visite à la sacristie, pour admirer les ornements donnés par Louis XIV en ce jour mémorable.

Ile des Faisans

Au sortir de l'église, je parcours une longue et vieille rue, bordée de palacios dont les lourdes sculptures et les balcons de bois et de fer ouvragé attirent nos regards. Une de ces constructions domine toutes les autres ; on l'appelle le palais de Jeanne la Folle. Ce château d'une architecture massive fut construit, vers l'an 907, par Sanche le Fort ; plus tard, Charles-Quint offrit à sa mère cette résidence princière, où l'infortunée Jeanne passa les dernières années de sa triste existence.

Après une heure de marche, j'arrive enfin à l'île des Faisans « *la isla de los Faisanes* », île verdoyante et pleine de fraîcheur, couverte de massifs, de magnolias, de buis et de romarin.

« Dans la célèbre île des Faisans, a dit un écrivain contemporain, les faisans sont aussi rares que les oiseaux de paradis dans les Champs-Élysées ». Mais si *los faisanes* n'ont jamais fait d'apparitions dans cette île, en revanche les rois de France et d'Espagne n'ont point dédaigné d'y venir. Là, en effet, eut lieu une conférence entre Louis XI de France et Henri IV de Castille. A cette occasion, Commines nous raconte que le costume pauvre de Louis XI offensa les Espagnols habitués à s'habiller avec splendeur pour visiter leurs amis ; de leur côté, les Français se moquèrent du luxe des seigneurs castillans.

On vit les deux rois s'embrasser avec des sourires et des paroles d'affection sur les lèvres ; mais, sous cette apparente amitié, quelle haine au cœur de l'un et de l'autre !

C'est aussi dans l'île des Faisans que François Ier dit adieu à ses fils qui allaient en Espagne prendre les chaînes laissées par leur père. C'est en cette même île enfin que Mazarin et Louis de Haro signèrent le fameux traité des Pyrénées. Le cardinal était venu de Saint-Jean-de-Luz avec de magnifiques carrosses et une suite de 200 gentils-hommes ; le ministre d'Espagne, avec une suite non moins nombreuse et non moins brillante.

Deux ponts avaient été construits sur la Bidassoa, l'un du côté de la France, l'autre du côté de l'Espagne. Français et Espagnols jouissaient de ce spectacle vraiment grandiose et par leurs cris de joie saluaient les deux grands hommes qui venaient de rendre la paix à la France et à l'Espagne.

Quelque temps après, Louis XIV se rencontrait, dans l'île des Faisans, avec le roi

Philippe IV et Marie-Thérèse qu'il voyait pour la première fois.

De nouvelles réjouissances se succédèrent pendant deux mois, et, pendant deux mois, le grand roi mit tout en œuvre pour écraser de son faste son orgueilleux rival.

Aujourd'hui, que les temps sont changés ! Ce ne sont plus des gondoles peintes et dorées, conduites par des rameurs aux couleurs de France et d'Espagne, mais quelques pauvres barques de pêcheurs qui sillonnent les eaux de la rivière devenue historique. Le sombre uniforme des douaniers remplace les vêtements étincelants des seigneurs français et espagnols. L'île elle-même, insensiblement minée par les flots, s'est amoindrie, et il a fallu que l'homme vînt un jour la disputer à la Bidassoa et la sauver d'une complète destruction. Seul, un modeste monument élevé par la France et l'Espagne rappelle le grand fait qui s'est accompli sur cette étroite bande de terre. On y lit l'inscription suivante :

« En mémoire des conférences de 1659, dans lesquelles Louis XIV et Philippe IV, par une heureuse alliance, mirent fin à une longue guerre entre les deux nations, Napoléon III, empereur des Français, et Isabelle, reine des Espagnes, ont rétabli cette île, l'an 1861. »

Au Bord de la Bidassoa

A ma Nièce Germaine
A mes Neveux
Adrien & Edmond B.

En honor de Nuestra Señora la Virgen de Guada-
lupe, patrona de Fuenterrabia, historica ciudad, se
celebraran grandes fiestas y corridas de toros, los
dias 7, 8, 9, 10 y 11 de Septiembre. Funciones religiosas
y festejos varios (1).

Telle est l'affiche assez singulière que, depuis
huit jours, nous lisons sur tous les murs de
Bayonne et de Biarritz et qui nous convie aux
réjouissances annuelles données à Fontarabie, en
l'honneur de la Sainte Vierge.

Pensant que Notre-Dame de la Guadeloupe
devait se trouver fort peu honorée par les *grandes*
corridas offertes aux touristes sous son patronage,
nous avons, laissant de côté les courses de taureaux, assisté aux fêtes religieuses.

---

(1) En l'honneur de Notre-Dame la Vierge de la Guadeloupe, patronne
de Fontarabie, cité historique, on donnera de grandes fêtes et des courses
de taureaux, les 7, 8, 9, 10 et 11 septembre. Cérémonies religieuses et
réjouissances variées.

Le matin du 8 septembre, nous arrivons à neuf heures sur les bords de la Bidassoa, une vieille connaissance, puisque je l'ai traversée il y a sept ans pour la première fois. Elle était moins animée qu'aujourd'hui, car nombreux sont les bateliers qui, moyennant cinquante centimes, proposent aux pèlerins de les conduire là-bas, sur la rive espagnole où tout le monde est en liesse. Une salve d'artillerie nous apprend que la procession sort de l'église paroissiale pour se rendre, après plusieurs heures de marche, au sanctuaire vénéré de Notre-Dame-de-la-Guadeloupe, construit sur une haute montagne.

Nous voici à Fontarabie, *ciudad muy leal, muy noble y muy valerosa*. Ce soir, nous visiterons la ville très loyale, très noble et très vaillante ; pour l'instant, nous n'avons qu'un désir : faire l'ascension de la montagne et entendre la messe dans la chapelle de Notre-Dame. Nous arrivons au sommet du mont tout suants et tout haletants : l'office commence aussitôt. L'alcade (maire) et les conseillers municipaux entourent l'autel ; par un privilège spécial, ces messieurs ont des sièges : le reste de l'assistance est debout ou accroupi sur les dalles. Il fait dans la chapelle une chaleur torride que ne parviennent pas à combattre des centaines d'éventails agités en même temps. Les Espagnoles sont vraiment curieuses, ayant d'une main leur chapelet ou leur livre d'heures, de l'autre leur éventail, et sur la tête leur mouchoir plié en quatre, en guise de mantille ; mais, ce qui est plus curieux que tout cela, c'est d'apercevoir, à la porte de la chapelle, des soldats espagnols s'éventant à qui mieux mieux. Je serais bien aise de savoir ce qu'on penserait chez nous, si l'on voyait un dragon, le sabre d'une main, l'éventail de l'autre. Le prédicateur monte en chaire ; il a

dû dire de bien belles choses, à en juger par
l'attitude recueillie des fidèles. Malheureusement,
le sermon est en basque. Or, d'après la légende,
le diable resta six ans dans les provinces bas-
quaises sans avoir pu comprendre un seul mot de
la langue du pays ; je n'ai pas la prétention d'être
plus malin que le diable ; de plus, je suis littérale-
ment suffoqué par la chaleur. Je sors donc de la
chapelle et, tout en respirant la fraîche haleine
de la montagne, je contemple Fontarabie couchée
tout là-bas dans un nid de verdure, Irun et la
Bidassoa qui se déroule comme un ruban d'azur,
et, à côté, la mer avec ses vagues et ses flots
toujours inapaisés. A la Guadeloupe, j'ai fait une
découverte qui intéressera, j'en suis sûr, mes
lectrices : le collet que les Françaises portent du
reste avec tant d'élégance et de distinction, leur
vient d'Espagne ; il fait partie des ornements du
diacre et du sous-diacre.

La cérémonie est terminée ; maintenant les
pèlerins envahissent la place voisine du sanctuaire, pour acheter des scapulaires bleus, blancs,
rouges, jaunes, roses et violets de la Vierge de la
Guadeloupe ; plusieurs en ont des douzaines
autour du cou. Un grand nombre d'Espagnols
sont venus de fort loin, montés sur des chars
rustiques ; d'autres sont arrivés à pied, à cheval,
ou à dos de mulet — il n'y a pas encore de chemin
praticable pour les bicyclettes. Le grand air et
la marche sont les meilleurs apéritifs ; aussi c'est
un véritable plaisir de voir tous ces fils de la
catholique Espagne réunis en des agapes frater-
nelles et mangeant ensemble le mets national,
sorte de bouillie faite avec de la farine de maïs.

Tout à l'heure, la procession va se reformer
pour redescendre à Fontarabie ; si la montée a
été pénible, la descente est très agréable. Nous

croisons un monsieur à l'air apoplectique qui monte, tandis que nous redescendons ; il s'éponge le front et, avec des paroles entrecoupées, il s'écrie : « Les indulgences devraient être doubles à cette heure ! » — L'Église sans doute n'a pas prévu le cas. Tout au bas de la montagne, nous rencontrons un pauvre espagnol à qui nous avons fait l'aumône ce matin ; il nous reconnaît, et, au lieu de nous tendre de nouveau la main, il enlève son béret, puis, avec un salut comme on en fait dans les salons, il nous dit : « Messieurs, que Dieu vous accompagne ! » — Un Français aurait-il agi de même ? Il est permis d'en douter.

A trois heures du soir, la procession n'est pas encore de retour ; nous l'attendons, assis sous le porche de l'église. Les balcons de la *calle mayor*, grand'rue, où elle doit passer, sont garnis de de magnifiques dentelles et d'étoffes aux couleurs de l'Espagne ; la rue se remplit de curieux, de Français surtout.

La procession paraît enfin : tout d'abord vient l'étendard de Notre-Dame, aux armes de la cité, puis la fanfare ; ensuite, le clergé, le diacre et le sous-diacre tenant en main des crosses argentées ; enfin, le maire entouré des conseillers municipaux et portant une baguette d'argent, signe de sa dignité. Le peuple en foule termine le cortège.

Nous entendons le *Te Deum* à l'église ; un instant je me demande si ce n'est pas le *Miserere*. La fête religieuse a pris fin. Les touristes se dispersent : les uns vont aux arènes, les autres se dirigent vers la Bidassoa.

M. le Curé de Fontarabie nous a permis d'aller à la sacristie voir les ornements donnés par le roi Louis XIV en souvenir de son mariage ; mais nous avions compté sans le sacristain, grand diable à mine patibulaire. « M. le Curé, nous dit-il en espagnol, vous a permis de visiter la sacristie, moi, je n'autorise pas » ; et, en même temps, son œil, le seul qui lui reste, lance des éclairs. Les murmures éclatent de toutes parts : les uns prétendent que le sacristain n'est pas descendu à jeun de la Guadeloupe ; les autres, qu'il est attendu aux arènes où il doit tuer le taureau. Pour moi la privation a été moins grande que pour beaucoup de visiteurs : car, à mon premier voyage à Fontarabie, le sacristain d'alors m'avait donné l'autorisation d'admirer ces présents vraiment royaux.

D'ordinaire, l'armée espagnole prenait part aux réjouissances. Le gouverneur de Saint-Sébastien a pensé qu'il serait plus prudent, à cause des récents événements, de laisser à la cérémonie son caractère purement religieux. A ces véritables soldats venaient s'adjoindre des soldats d'un jour enrôlés parmi les pêcheurs. Afin de leur donner un air plus martial, — en Espagne, les hommes du peuple ont la figure rasée, — on ne manquait pas de les gratifier d'une barbe postiche qu'ils portaient, paraît-il, avec beaucoup de crânerie... lorsqu'ils ne la perdaient pas en chemin. Ils avaient un colonel, choisi parmi les plus habiles ; le matin de la fête, ce haut personnage venait tout galonné passer ses troupes en revue ; on voit qu'il prenait son rôle au sérieux ! L'an dernier, le nouvel élu, tout fier de sa dignité, arriva monté sur un fringant coursier ; tous admiraient sa bonne tenue, lorsque tout à coup un écart du destrier fit rouler l'infortuné chef dans la poussière. Ce salut militaire d'un nouveau genre amusa beaucoup la galerie.

Et maintenant, vous allez sans doute me demander pourquoi toutes ces réjouissances. C'est pour fêter le 260e anniversaire du jour où les habitants de Fontarabie repoussèrent victorieusement les armées françaises commandées par le prince de Condé. Les coups de fusil entendus ce matin étaient tirés contre Hendaye, contre la France. N'est-ce pas le cas de dire aux Espagnols : « Ceux que vous avez tués se portent bien » ? Demain, service à l'église paroissiale pour le repos de l'âme des soldats qui succombèrent durant cette journée mémorable ; demain, oraison funèbre à la gloire de tous ceux qui sont morts pour la patrie. Dans son discours, le prédicateur devra dire le plus de mal possible de la France, s'il veut paraître éloquent. Il y a, cependant, quelques raisons de penser que la haine des Espagnols pour nous a bien diminué, cette année surtout où nous leur avons rendu des services signalés : la fusillade d'ailleurs n'était guère nourrie, c'est un signe de conversion ; et puis, je n'oublierai jamais le bon sourire et le salut amical que m'adressèrent les prêtres espagnols, au sortir de la chapelle. Ils avaient reconnu en moi un Français. Du reste, le temps lui-même semble avoir pris à tâche de faire disparaître les brèches faites par nos armes dans les remparts de Fontarabie : « le vert tissu de la ronce et du lierre » recouvre aujourd'hui ces glorieuses cicatrices.

Ma lettre est déjà bien longue, trop longue peut-être ; mais je ne voudrais pas la terminer sans vous parler du bon accueil que nous reçûmes d'un vicaire de Fontarabie. Le cidre qu'il nous offrit était délicieux ; les cigares qu'il nous présenta devaient être exquis. Nous apprîmes qu'un des grands chagrins de sa vie, ce fut d'avoir été choisi pour prononcer l'oraison funèbre du 9 septembre, en un mot, pour parler contre la France : il dut s'y résigner, mais il le fit sans conviction. Son aveu me toucha et il aura compris,

à la cordiale poignée de main que je lui donn a
en le quittant, que je ne lui gardais pas rancune.

Nous laissons Fontarabie à ses taureaux et à
ses toréadors, et nous montons dans la barque
qui maintenant nous ramène vers Hendaye, vers
le doux pays de France. Une joyeuse troupe de
ninos (enfants), à qui nous avons fait une ample
distribution de sous français, nous salue une
dernière fois de la rive, au cri de : « *Viva
Francia* ! » Ce vœu fait battre délicieusement nos
cœurs, et nous y répondons aussitôt par cet autre
beaucoup plus désintéressé : « *Viva España !* »

8 septembre 1898.

Une Visite
au Château de Pau

A Messieurs J. & R. P.

Parmi les châteaux historiques qui ont échappé aux ravages du temps, aucun peut-être ne reçoit autant de visiteurs que l'antique demeure des princes de Béarn.

> *Qui n'a vist lo casteig de Paü* (1)
> *Jamey n'a vist arey de taü.*

a dit un poète que je soupçonne fort d'être Palois (2).

Sans partager entièrement son enthousiasme, j'avoue toutefois qu'il faut avoir visité *lo casteig de Pau*, pour connaître toutes les merveilles du monde.

Sans doute, ce château est d'une imposante architecture ; sans doute, le panorama que l'on embrasse de sa terrasse est « la plus belle vue de terre », ainsi que l'écrivait Lamartine. Mais, pour le véritable touriste, l'intérêt ne se borne pas à admirer une œuvre d'art ou à contempler un beau

---

(1) « Qui n'a vu le château de Pau, n'a rien vu du tout. »
(2) Habitant de Pau.

site : il y a plus et surtout le souvenir de tout un
passé avec son histoire et ses grandes figures.
Cette demeure ne fut-elle pas, en effet, celle du
plus populaire et du meilleur de nos rois ?

Chaque année, on peut voir, en ces lieux, des
milliers de visiteurs, de pèlerins, devrais-je dire,
car c'est vraiment un pèlerinage que l'on accom-
plit dans ce royal castel. Nulle part, le souvenir
de « *Lou Nouste Henric* », comme l'appellent

Le Château de Pau

encore les Palois, n'est resté aussi vivace ; et cela
se comprend. Ce souvenir plane au-dessus des
gazons et des jardins verdoyants où, enfant, le
prince aimait à venir prendre ses ébats, en
compagnie de jeunes garçons de son âge. Il plane
au-dessus de l'immense parc où une statue de
marbre blanc nous montre le fils de Jeanne
d'Albret, tenant d'une main l'épieu dont il frap-
pera le loup et le sanglier, tandis que de l'autre il
caresse doucement les poils soyeux de sa levrette
favorite.

Et maintenant pénétrons dans le château.

Les rois de France, des souverains étrangers même se sont plu à l'embellir de leurs dons princiers ; mais, par un religieux scrupule, on a laissé à leur place toutes les choses du passé, afin sans doute que nous puissions plus facilement évoquer les souvenirs des temps qui ne sont plus.

Voici la vaste salle à manger, avec la longue table à cent couverts, autour de laquelle le prince de Béarn aimait à réunir de joyeux convives, au retour d'une de ces chasses où ensemble on avait couru le loup et le sanglier.

Il semble que le Béarnais était là hier ; il semble qu'il y sera encore demain.

Montons le grand escalier, surmonté de gracieux arcs de voûte portant les initiales d'Henri, Roi, et de Marguerite, Reine. Traversons successivement le salon de famille, la grande salle de réception, le cabinet des princes, et toutes les scènes du passé se presseront en foule dans notre esprit. C'est là surtout que le bon roi revit tout entier par l'imagination, avec ses goûts modestes, sa bonhomie et le charme souverain qui se dégageait de toute sa personne.

Voici maintenant la chambre où, le 14 décembre 1553, naquit celui qui devait être Henri IV. Le visiteur aime à s'y arrêter. A sa vue s'offre un lit de chêne massif avec panneaux ornés de 75 médaillons, portraits de rois et de guerriers. Ce véritable chef-d'œuvre de sculpture servit autrefois au roi de lit de repos. Tout à côté est placé le berceau du jeune prince : une carapace de tortue de grande dimension. Malheureusement, cette magnifique carapace a été fort endommagée par les visiteurs. Beaucoup ont voulu emporter avec eux un souvenir de leur pèlerinage : les entailles faites à ce pittoresque berceau nous le disent assez.

La première fois qu'il me fut donné de visiter toutes ces merveilles, c'était au commencement de septembre. Des centaines de curieux attendaient avec impatience l'ouverture des portes.

Je regrettai — était-ce par égoïsme? je ne le crois pas — de ne pas être seul à accomplir ce pèlerinage, et je me promis de revenir un jour. J'ai tenu parole, je suis revenu dans les « derniers beaux jours de la vineuse automne », alors que les Palois étaient occupés à cueillir les grappes vermeilles de ce raisin de Jurançon qui doit aussi au Béarnais sa célébrité. Nous n'étions que quatre, visiteurs ; le parc et les jardins étaient déserts, une ombre de mélancolie enveloppait le château, et je pus tout à mon aise rêver et méditer comme j'avais désiré le faire un peu plus d'un an auparavant.

J'y rêverais peut-être encore, si le guide, me saluant profondément, ne m'eût fait comprendre qu'il désirait prendre congé de moi. Je glissai donc discrètement dans sa main une pièce de monnaie, sans tenir compte des affiches qui avertissent les étrangers que les cicerones n'ont droit à aucune rétribution. Il fut moins discret que moi, et un « merci, Monsieur! » bien accentué fit retourner les autres visiteurs. Ils comprirent ce merci sorti du cœur, et d'autres pièces blanches vinrent bientôt rejoindre la mienne.

L'imagination aidant, je me représentai toutes ces brillantes piécettes transformées en autant de poules, de ces succulentes poules du Midi dont je garderai le meilleur souvenir, de ces bonnes poules que le bon roi savait apprécier sans doute, et qu'il ambitionnait de voir mettre au pot tous les dimanches par chacun des paysans de son royaume.

Septembre 1899.

Le .Cardinal Lavigerie

❊ ❊

A M. LE CHANOINE DELINOTTE

Il y a quelques années, durant un séjour que je fis à Bayonne, j'eus l'occasion de rendre visite à une tante de Monseigneur Lavigerie. Je n'étonnerai personne en disant que nous ne parlâmes que du Cardinal. J'appris que, dès l'âge le plus tendre, Lavigerie, comme ses frères d'ailleurs, mais plus particulièrement, s'était fait remarquer par une volonté vraiment étonnante. Le futur archevêque d'Alger était tout jeune encore lorsque son père le manda un jour auprès de lui, ainsi que ses deux frères. Il leur posa à tous trois cette question : « Quelle carrière voulez-vous suivre ? » L'aîné répondit : « Je veux être prêtre », le second : « Je veux être médecin », le troisième : « Je veux être soldat ». C'est bien, dit le père, et, faisant asseoir les enfants à son bureau, il leur remit à chacun une feuille de papier timbré et il ajouta : « Ecrivez maintenant sur ces feuilles la carrière que vous avez choisie et n'oubliez pas les obligations qu'elle impose. »

Le premier écrivit : « Je serai prêtre », le second : « Je serai médecin », le troisième : « Je serai soldat ». Ils signèrent, et le père, serrant précieusement ces trois engagements, renvoya les enfants à leurs jeux. Tous trois ont tenu parole : le premier est mort cardinal de la Sainte Eglise, le second médecin, le troisième capitaine. Le papier timbré, cela va sans dire, ne fit rien à la chose. Tous trois parvinrent au but rêvé, parce que, la volonté n'attendant pas chez eux le nombre des années, ils avaient su dire : « Je veux ! »

Cette volonté, disait la tante du cardinal, put paraître rude quelquefois chez le primat d'Afrique. Devenu prêtre, l'abbé Lavigerie avait

fait venir auprès de lui son plus jeune frère, pour
lui enseigner les premiers éléments de la grammaire latine. Un jour, Madame Lavigerie reçoit
une lettre éplorée de l'enfant. « Mère, écrivait-il,
viens me chercher, je ne peux plus rester auprès
de Charles. »

Charles est bientôt en présence de sa mère, et,
baissant les yeux sous son regard interrogateur :
« Mère, dit-il, mon frère se plaint de ma trop
grande sévérité, et je crois qu'il a raison. » Et le
frère fut ramené au foyer paternel.

Le cardinal, qu'aucun obstacle n'arrêta jamais,
ne s'était pas sans doute, lui, laissé abattre par
les difficultés qu'offrent à un étudiant les premières leçons de la grammaire latine, et, avec
son tempérament de feu, — n'est-ce pas lui qui a
dit : « Le Pyrénéen a du feu dans les veines
comme dans la racine de son nom (1) » ? — il aurait
voulu qu'il en fût de même pour son élève.

Ne lui tenons pas rigueur des larmes qu'il fit
verser à un jeune frère, pardonnons-lui d'avoir
fait plier les hommes mêmes sous sa volonté de
fer, en raison des grandes choses que, grâce à
cette volonté, il a su accomplir, et parce qu'avant
tout il fut l'homme du devoir.

----

(1) Pyrénéen, d'après certains étymologistes, vient d'un mot grec qui
signifie feu.

BOURBAKI

A M. LE LIEUTENANT F**

9 septembre 1897. — Le général Bourbaki est très malade à cette heure. Depuis longtemps déjà, ses sentiments religieux le pressaient de se rapprocher de son Dieu, mais il se croyait lié par le serment exigé de lui de ne pas communier à son lit de mort. Il y a quelques jours, délié de la parole donnée, il recevait avec amour le Dieu qui avait réjoui sa jeunesse.

L'illustre malade a toujours aimé les prêtres ; souvent il les faisait appeler pour administrer aux mourants les derniers sacrements. L'abbé M..., ancien vicaire de Saint-Etienne de Bayonne, le rencontra plus d'une fois au chevet des agonisants, et le général, témoin de la résignation des moribonds, ne pouvait s'empêcher de s'écrier : « Ce petit vicaire est vraiment extraordinaire ; il manœuvre si bien que tous les gens sont heureux de mourir. » — « Général, hasarda une fois le vicaire, je serais enchanté de vous rendre le même service ! »

En lui parlant de la sorte, disait l'abbé M..., je me considérais comme un enfant terrible qui a le droit de tout dire.

Le général racontait, un jour, en présence du petit vicaire devenu son ami, le baptême d'une cloche dont il avait été le parrain. Les paroles de l'évêque l'avaient flatté et tranquillisé en même temps. « Général, avait dit le pontife, maintenant vous pouvez attendre en paix le repos éternel ! » Sans nul souci de troubler cette paix profonde : « Pensez-vous, général, répliqua le malin vicaire, que, ce jour-là, l'évêque fût infaillible ? » Il fallut bien reconnaître que l'abbé n'avait pas tort.

22 septembre. — J'apprends la mort de Bourbaki. Ce soir, je suis allé prier à la chambre du défunt. Le général, en grande tenue, est étendu sur son lit, un chapelet de corail entre les mains ; au calme de son visage, on le croirait endormi.

Une religieuse est venue déposer une couronne envoyée par le ministre de la guerre ; elle se compose de deux palmes, l'une d'or, l'autre d'argent.

Le bon général n'est plus, mais il nous laisse le souvenir et l'exemple de ses vertus, surtout de sa charité pour le prochain et pour ses ennemis eux-mêmes.

Jamais une parole amère ne sortit de sa bouche à l'adresse de ceux qui l'avaient tant fait souffrir. Un jour qu'en sa présence on rapportait les paroles, élogieuses pour lui, de l'un de ses adversaires : « Cela m'étonne », se contenta de répondre le général.

Il était aussi d'une politesse raffinée. Souvent il jouait aux échecs avec une de ses voisines, Madame M.... Quelquefois il arrivait que cette dame se laissait prendre aux embûches dressées par le général ; elle alléguait alors une distraction, et aussitôt Bourbaki rendait sans difficulté la pièce confisquée. Était-il pris à son tour, à son tour il déclarait qu'il avait été distrait ; mais l'inflexible adversaire répondait invariablement : « Un général ne doit jamais se laisser surprendre », et la pièce confisquée restait aux mains de Madame M...

Très bonne chrétienne, Madame M... pressait le général de se convertir. « Je me convertirai un jour, dit Bourbaki, et c'est grâce à moi que vous entrerez dans le ciel. Lorsque vous arriverez à la porte du paradis, saint Pierre fera bien quelques difficultés avant de vous admettre, pour n'avoir

pas voulu suivre les conseils de Léon XIII qui
vous engage à vous rallier à la République ; je
me présenterai alors, j'intercéderai pour vous, et
saint Pierre ne pourra opposer de refus à ma
demande, car il sait bien que moi, je suis complè-
tement converti à la politique pontificale. Quand
le chef a parlé, ajoutait-il en terminant, il faut
obéir ».

25 septembre. — Les funérailles de Bourbaki
ont eu lieu aujourd'hui ; elles ont été imposantes
dans leur simplicité. Le général n'a pas voulu
recevoir les honneurs militaires auxquels il avait
droit : « Je refuse, a-t-il dit, les honneurs militaires, parce qu'on les refuse injustement à Dieu ».

On dut se conformer à ce refus si nettement et
si noblement exprimé. L'armée, cependant, ne
pouvait manquer d'accompagner à sa dernière
demeure celui qu'elle regardait comme un de ses
fils les plus glorieux. Les généraux Varaigne,
Hervé, Fallieux, Derrécagaix, Lebrun, Philippe,
Danès et presque tous les officiers en garnison à
Bayonne accoururent pour conduire le deuil et
payer la dette de la Patrie.

Ce fut par une belle matinée de septembre que
le vieux soldat quitta sa chère villa Saint-François
où il était venu chercher, non pas l'oubli du passé,
mais un adoucissement aux blessures faites à son
cœur et à son corps par la terrible guerre de 1870
et aux morsures non moins douloureuses de la
haine et de l'injustice. La nature elle-même
semblait vouloir s'associer au deuil de tous et,
sur le parcours suivi par le funèbre cortège, les
chênes laissaient tomber sur le cercueil l'or de
leurs feuilles. A l'approche des métairies, on
voyait les paysans quitter leurs travaux pour
venir saluer une dernière fois celui qui savait si
bien les consoler dans leurs infortunes ; ils

n'osaient se joindre au convoi, ne pouvant espérer trouver place en leur église Saint-Étienne, trop petite pour la circonstance.

C'est au milieu d'une double haie, non pas de curieux, mais d'amis dont l'émotion était visible, que le général arriva à l'église paroissiale.

Après la messe, M. l'abbé Chagé monta en chaire et parla en termes touchants des nobles qualités de Bourbaki. Il rappela aussi son acte de désespoir en 1870, en voyant nos armées vaincues, et il sut le faire avec une rare délicatesse.

Le général Varaigne retraça la glorieuse carrière de l'illustre défunt : « Maintenant que sa belle âme est retournée à son Créateur, dit-il en terminant, nous nous souviendrons de ses exemples et la France honorera sa mémoire comme celle d'un de ses plus nobles enfants. »

La série des discours se termina par celui du colonel en retraite P..., vieux Nestor, qui,

pour nous parler de Bourbaki, nous fit le récit
de ses propres exploits : sa vie, paraît-il, avait
été si intimement liée à celle du général ! Il ne
nous fit grâce d'aucuns détails, et s'étendit plus
longuement sur cette mémorable traversée où deux
mulets et... une cantinière trouvèrent la mort.

Et maintenant Charles-
Denis-Sauter Bourbaki,
général de division, Grand-
Croix de la Lé-
gion d'honneur,
repose sous un
mausolée de por-
phyre de Nor-
vège, à l'ombre
du clocher de
Saint - Étienne,
à proximité de
la citadelle de
Bayonne. Et le
matin, lorsque
le clairon sonne
le réveil, il me 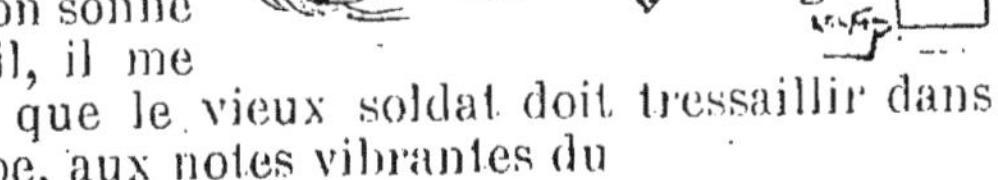
semble que le vieux soldat doit tressaillir dans
sa tombe, aux notes vibrantes du

Gentil turco,
Quand autour de ta boule
Comme un serpent s'enroule
Le calicot
Qui te sert de shako !
Ce chic exquis
Par les turcos acquis,
Ils le doivent... à qui ?
A Bourbaki,
A Charles Bourbaki.

TABLE DES MATIÈRES

9 782019 918361